爱情是什么

——有关恋爱的教科书

【塞尔维亚】艾琳·蒂奥多罗维奇 文

【塞尔维亚】内达·多基奇 图

姜 霞 译

上海科技教育出版社

图书在版编目(CIP)数据

爱情是什么：有关恋爱的教科书/(塞尔)蒂奥多罗维奇著；姜霞译. —上海:上海科技教育出版社，2015.8

(青少年成长漫画系列)

ISBN 978-7-5428-6231-0

Ⅰ.①爱… Ⅱ.①蒂… ②姜… Ⅲ.①爱情—青少年读物 Ⅳ.①C913.1-49

中国版本图书馆 CIP 数据核字(2015)第 102115 号

目录

研究问题 什么时候适合谈恋爱？ 1

研究问题 外表重要吗？ 7

研究问题 哪些事情是真正重要的呢？ 13

研究问题 为什么我们应该谈恋爱？ 19

研究问题 你怎么知道自己陷入爱河了？ 25

研究问题 如果你知道自己陷入爱河，你会怎么表达？ 29

研究问题 你如何和某人建立关系？ 35

研究问题 既然我们约会了，会发生什么呢？ 39

研究问题 我哪里做错了？ 45

研究问题 我真的恋爱了吗？ 49

嗨！

暑假过去了，好像从没来过！新学年的第一天也过去了——就跟以前的一样乏味……每个人都在抱怨，都在哇啦哇啦地大声说话，好像都有很多故事，聊个不停。所有人都觉得又高兴又骄傲……可我并不这样！所有的事都极其冗长乏味！我点头，微笑，列举假日里发生的事，但这些都对我毫无帮助——我无聊得有点心不在焉！

你想想，就连这本日记都有点无聊，我觉得自己大概要放弃了。我不再是那个傻瓜蛋，会记下学校、家里和外面发生的每一丁点傻事（也没有什么真正重要的事发生，海伦不和玛雅说话了，史蒂文课间时鼻子流血了，我们的电视机坏了……）。当我一页页匆匆翻阅那些日记，我发现一两年前看起来那么重要的事其实只是个笑话……

考虑到我长大后一定会成为一名心理医生（那是我三年级时就作出的决定，当时我的老师让我去找心理医生看病，因为上课时我一直在笑。）我决定开始科学研究。比如，我可以调查、探索和研究所有与热恋相关的重要资料，然后开始写一本严肃的关于恋爱的教科书。多棒的主意啊！因为缺少这样一本教科书和相关知识，我的朋友们不断陷入爱河又失恋，毫无秩序、理智或规则——多少都是出于偶然！一本关于谈恋爱的教科书——现在可能会一举成功，轰动一时！必定会成为每个书包里的必备品！

嗯……这并不是那么容易……我必须想出各种方法收集做科学分析用的材料（采访和民意测验、翻阅文献、案例分析、实验……），然后，如何从所有那些材料中得出确切的结论？嗯，我猜想随着我们的进展，这个问题或多或少会自己解决……

再见了，日记！开始科学研究吧！第一课正等着我马上写呢！

艾琳

作者

研究问题：什么时候适合谈恋爱？

方法：采访

技术支持：爸爸的卡式录音机

答案：

为了写出适当的一课，下面未经编辑的录音已被逐字记录以便进一步处理。

第一段录音

（受访者：海伦，年龄：13）

我：海伦，在你看来，什么时候适合谈恋爱呢？

海伦：对我而言，第一次是在一年级，第二次……也是在一年级……第三、第四、第五次是在二年级……现在想想看，我一直都在恋爱中！不像你——你压根儿没有喜欢过谁……

我：现在不是在说*我*，我在问你的情况呢……

海伦：我现在正在恋爱，当然，他也爱我。合适的时间是……现在！现在……马上！每个人都应该一直在恋爱中！你什么时候才会停止问那些傻乎乎的问题，开始像其他人一样陷入爱河呢……

咔嗒！

第二段录音

（受访者：来自七年级A班帅气的约翰）

我：作为一个情场高手，你认为什么时候才是谈恋爱的合适时间呢？

约翰：就在你一看到我时！还有其他问题吗？

我：没有了，你这个笨蛋！ 咔嗒！

第三段录音

［受访者：维奥莱特，一个邻居，估计年龄：48（在被问到年龄时拒绝回答）］

我：我在做一些学校的调研，所以你能告诉我什么时候是谈恋爱的合适时间吗？

维奥莱特：你找不到其他人问吗？我早就把关于恋爱的事忘干净了！我想起来了，不介意给你个提示……当你碰到合适的人——那就是合适的时间！

我：你是什么时候遇到你的真命天子的？

维奥莱特：……大约 16 岁的时候，我猜，当我碰到斯坦利。哎哟，快把那玩意儿关掉，别让我丈夫听见我的话！

我：16 岁，这么晚吗？

维奥莱特：时代不同嘛。我没告诉过你要把它关掉吗？***咔嗒！***

第四段录音

（受访者：我的老爸，年龄：46）

我：老爸，对着自己的录音机说一说，什么时候是恋爱的最佳时间呢？

老爸：这当然不是你的录音机啦！你还只是个小家伙！你不用尿布才几天！瞧瞧她，她已坠入爱河了，可能吗？

我：可是老爸，我不用尿布已经 n 年了！

老爸：我说的就是那个意思，那就像昨天一样！

咔嗒！

第五段录音

（受访者：班主任，年龄：38，教英语）

我：作为老师，你对谈恋爱怎么看？什么时候是合适的时间？

拉兹莱德娜：肯定是在春季！万物复苏：小鸟、蜜蜂……花儿迎风摇摆，蝴蝶在花间翩翩起舞……

我：那么说秋季肯定不行吗？

拉兹莱德娜：嗯，秋季也可以，但是在树叶翠绿、小草生长、阳光明媚时……肯定更好。

我：那么我猜我们必须等到一学年的春季那个学期？

拉兹莱德娜：第二学期？！别让我看见谁在春季学期谈恋爱！那是绝对不可能的！那应该是你们最刻苦学习的时候！你知道今年的课程有多难！

我：但是你刚刚说过……

拉兹莱德娜：谁说了什么？我什么都没说！卷起袖子，开始学习吧——我不想在年底时听到任何人哭哭啼啼的！*咔嗒！*

第六段录音

（受访者：彼得，一个讨厌鬼，我的同桌，年龄：13）

我：彼得，你觉得谈恋爱的合适时间应该是现在，还是以后？

彼得：我不知道！你在干什么，录音吗？等等，我要发表一个声明：我想让每个人都知道上周我们把 7-C 班打得落花流水！ 4 比 1！

我：嗨，你在听吗，我正问你恋爱的事情呢！

彼得：谁在乎……怎么了，你是不是也像那些傻瓜一样喜欢上了约翰？

我：我？那个怪人？决不会的！我在做研究……科学研究……

彼得：我打赌一定是！你可以告诉你的朋友，我不会告诉其他任何人的，我发誓如果我说了将不得好死……

我：走开！*咔嗒！*

第一课
由以上民意测验得出的结论

定义：

恋爱的合适时间是现在、马上、越快越好以及总是……但必须满足以下条件：

1. 在你邂逅的所有人中，你遇到了那个合适的人；
2. 第一次、第二次、第三次以及接下来所有的眼神交流都对上了；
3. 你及时长大，不再用纸尿裤了；
4. 春季学期不要跟春天撞车，并且——
5. 你既不是讨厌鬼，也不是傻瓜。

为保证必要条件的实用练习：

1. 不要等合适的人来找你，而要出去找他。没有什么成规：他可能是高个，也可能是矮个；可能是黑皮肤，也可能是白皮肤；可能是瘦子，也可能是胖子；可能是左撇子，也可能是右撇子……所有合适的人的唯一共同点是他们适合你。所以你一旦看见任何你觉得可能有趣的人，放手去认识他吧。如果就让他从身边溜走，你永远无法知道你可能会失去什么！

2. 列一个包含众多候选人的名单，然后向他们投上意味深长的一瞥。如果这一瞥得到了对方明显的响应，在他的名字上打上星号。为了排除其他人这一步很重要。重复这个步骤，直到你眼睛累了，并且名单里只剩下一个候选人：那个合适的人。

3. 给父母看 n 年前你还裹着尿布的照片。然后让他们看 n-1 年前你没裹尿布的照片。接着看 n-2 年前的照片，重点关注你坐在便盆上或者在草丛中撒尿的照片。逐渐看至最近的照片，以免你父母因意识到他们比刚生下你时老了 n 岁而震惊。因为从那时起他们就不再为自己庆祝生日，他们的时间自动停止了……

4. 无论是在秋天、冬天还是夏天，就都把它们想象成在春天吧！当树叶落下，当你在学校操场里扔雪球，当你在海滩上，谁能阻止你恋爱呢？！当然，在春天，你可以想象是学年的第一学期！春天的问题圆满解决！！

5. 像大鹬或马一样去恋爱吧，就是别像讨厌鬼或者傻瓜。我还可以提名一些其他动物：毛绒绒的小猫，忠诚的狗，聪明的猫头鹰……除了讨厌鬼和傻瓜，我们也不建议像驴、狐狸或是蝙蝠……

来自彼得的电脑

发件人：史蒂文（stevens@worldnet.yu）
发送时间：9 月 3 日 20：46
收件人：彼得（peter@worldnet.yu）
主题：兄弟，你怎么了？

彼得，兄弟，你去哪里了？我不在，第一天学校里过得怎么样？开学前，我已经在新家附近认识了一些人，所以我认识班里的一些男孩和女孩。总得来说，还不算太糟糕……但我还是想你、杰克、"托儿"、"蝙蝠侠"、"机关枪"、"小富妹"和珍妮，好吧，尤其是珍妮，但那是属于你们的生活。我想我们还会见面，虽然现在我们在城市的两头。真是超级恐怖，我想我们会见面的……当然我不会一直都看到她……

兄弟，写信给我……你还没有爱上哪个女孩，对吗？——你都不吭声……我在等你的回复！

史蒂文

发件人：彼得（peter@worldnet.yu）
发送时间：9 月 3 日 22：11
收件人：史蒂文（stevens@worldnet.yu）
主题：回复：老兄，你怎么了？

你们怎么都在收集恋爱的资料？所有人都在喋喋不休……随它去吧，老兄！"小富妹"正在学校里做某种民意调查，她说是科学研究。我打赌……像她这样没脑子的人，说不定爱上了那个约翰。你应该看看那个傻瓜，昨天他在头发上擦了发胶，一千米之外就能看见他闪闪发光的头发。所有的傻瓜都盯着他看，咯咯地笑，窃窃私语。就像《奶奶也疯狂》里的老太一样……而这个男孩比她们至少傻 5 倍！和海伦正相配，但"小富妹"看起来也喜欢他……现在我真的不明白。

你想想看，谁在乎她们，谁在乎他！你要知道，我们上个星期足球比赛时打败了 C 班——4 比 1，老兄！要不是"托儿"那个笨蛋进了个乌龙球，他们甚至都得不到那一分。他绊住了我的左脚，跳起来要破坏一个传中，结果球眼睁睁在我身边滚过去了……我都想杀了他，但你了解他——"对不起，对不起"说了半小时——让你没办法，你甚至都无法责备他。

给我写信，老兄。

彼得

研究问题：外表重要吗？

方法：偷听姐姐的电话
技术支持：好耳朵

我的姐姐安 19 岁了，学习艺术史。她不可救药地爱上了一个同学，她说他是这个宇宙甚至更广阔的空间里最聪明、最有趣的男人……我从来没有见过他，但安说她爱上的是他的个性，而不是外表。这意味着他长得很糟糕。他一定是个矮矮的、骨瘦如柴的、带脂粉气的男孩，戴着高度近视眼镜，头发油腻腻的。她疯狂地爱上了他，然而却没有得到一丝回应。所以我在想可能有什么不对劲呢？有一天，当她和一个朋友在煲电话粥时，我“碰巧”发现自己在她的房间里……这样做可能不太好，但科学是需要牺牲的……

……他甚至都不需要知道，我永远不会告诉他我爱他……

……对我来说只要能靠近他，听他说话，那就够了……

……当他讲话时，我都不敢呼吸，我不想错过他的每一个字……

……有时侯，我发现自己盯着他看，微笑着……

……口才多么流利，知识多么广博，说话多么风趣……

……还有他对生活的态度……

……正是因为他那么聪明，他永远不会表露出他知道我爱他……

……那对他来说只是一瞬间，他生活中的目标更远大……

……我知道他也是人，但在我的眼里他更像一个抽象的概念……

……什么？……不，那不可能……

……你说他对她感兴趣，就是那个性感女生——绝不可能，他讨厌那种类型的……

……你在哪里见过他们？……哦，算了吧……

……腿有 2 米长，短裙只有 5 厘米？！……

……不，不，他讨厌那些傻乎乎没头脑的金发女郎……

……他是一个天才，一个艺术家，一个哲学家……

……他们当时在亲吻？！……我不相信你的话，打住吧……

……你什么意思？——你是为了让我看清真相吗？

……就算他像太阳神阿波罗那样帅又怎样？我不追求他的英俊外貌，而在乎他的风格、他的灵魂、他的性格还有他的思想……

……当然就算他奇丑无比，我也会爱他……他很有个性……

……你说看到他和那个没头脑的靠色相骗钱的女人在一起，那是绝对不可能的，你这么说只是想惹恼我……

……谁神经过敏啦，我现在再冷静不过了……

……好，明天上课时见……

接着，安的眼镜因为泪水变得模糊不清了……她扔掉了眼镜，然后扑向床开始嚎啕大哭。我没法做别的事，只有试着安慰她——同时也为**第二课**做些必要的结论。

第二课

外表的作用不会微乎其微，除非：

a）……你假装自己不在意外表。

b）……你是个傻乎乎没头脑的金发女郎或是“太阳神阿波罗”。

c）……当有人帮你看清真相的时候。

要是奶奶听到安的谈话，她很可能要说上几句，如同她对生活中其他事情的评论那样。为了第二课，我要利用这个机会代表她说几句：

当然，妈妈对此意见稍有不同，她更接近她灵魂中浪漫而富有诗意的本性：

我无法想出一点更接近我们时代精神的建议，我能说的只有：“冷静一下，亲爱的安妮，‘阿波罗’不是这个世界上唯一的男人！要是他欺骗了你，和那个长腿金发女郎劈腿，他绝对配不上你！”她勃然大怒，把枕头朝我扔过来，大喊道：“出去，你这个白痴！”她的意思是谢谢你！

来自彼得的电脑

发件人：彼得（peter@worldnet.yu）
发送时间：9月20日22：11
收件人：史蒂文（stevens@worldnet.yu）
主题："蝙蝠侠"的生日

嗨，史蒂文老兄，

真可惜你因为生病错过了"蝙蝠侠"的生日晚会！晚会真是棒极了！为让女孩们留下好印象，他往身上喷了一加仑的香水，然而她们一直都绕着约翰转。我告诉过"蝙蝠侠"别邀请他，可我猜这个傻瓜以为如果和约翰在一起，约翰的某些魅力会传给他。

你应该见过海伦穿超短裙吧，可怜的"托儿"神魂全飞！毫无疑问，她根本没有注意到他。

珍妮也在那！我告诉她你问起过她，她说她会打电话给你或是给你发一封邮件。约翰对她发起了攻势，想送她回家，但"小富妹"和我没让他得逞。因为都走一个方向，我们跟着她，所以那个"帅气先生"根本没有机会。"小富妹"说他没什么特别的，只是爱出风头而已。感谢上帝我们班里至少还有些女生是理智的！你怎么认为的，她是在装腔作势吗？她可能从未迷恋过他吗！

就到这里吧，该临阵磨枪复习数学了，明天有考试。

彼得

发件人：史蒂文（stevens@worldnet.yu）
发送时间：9月22日22：11
收件人：彼得（peter@worldnet.yu）
主题：珍妮！！！

她给我打电话了！我们聊了半小时呢！现在我好多了，所以打算明天下午回原来的街坊走一走！下课后我等你哦！最好别让我碰到那个蠢货，不然我会揍扁他！好了，我开玩笑的，我不是个和人打架的傻瓜，但不管怎样，还是最好别让他碰到我……

再见啦！

史蒂文

研究问题：哪些事情是真正重要的呢？

方法：随机抽样；选择完全出于偶然
技术支持：常识、纸和笔

第一个样本——“蝙蝠侠”

高高的，超级瘦，走起路来就像他吞了一块木板，瘦腿，穿脏兮兮的 12 码跑鞋，漂亮的眼睛——但表情如小狗一样，牙齿长得像兔子一样，太在乎他的头发，想成为一个人物，可惜失败了。擅长艺术，数学无药可救。

第二个样本——罗比

聪明，分数高——尤其是历史。有点太书呆子气。耳朵比正常的大一点。太多的乡村空气吹得他脸蛋红红的。干净、整洁。至少需要减肥 5 千克。脾气好，常常乐意在考试中助人为乐。不喜欢和男孩子们分享食物，对女孩子倒是很有修养。

第三个样本——约翰

帅气，金色头发，和布拉德·皮特长得一模一样。赶时髦。高傲得尾巴翘到天上。喜欢成为大家注意的焦点。学习成绩差得可怜，吉他弹得很好。动不动就大发脾气。在女孩子面前傻乎乎的。男孩们都恨他，但也嫉妒他。

第四个样本——“托儿”

性格非常无聊，有点儿害羞。标准的刺猬头。大家都喜欢他，因为他总是对每个人都很好，而且从不与人打架。他有着好看的长睫毛，但有点太爱咬他的手指甲了。据他姐姐说他悄悄地写诗歌，图书管理员很喜欢他。

第五个样本——迈克

喋喋不休地讲话，从不让别人插一个字进来。每天讲两个新笑话。超级有趣——和他在一起永远不会觉得无聊。绰号“机关枪”，源于他大而弯的鼻子。从不因自己的绰号而烦恼，常自嘲他自己的鼻子。很容易陷入爱河。每周都接近新的女孩，但从不与她们联系。

第六个样本——乡巴佬

彼得，那个讨厌鬼，这个星球上最令人厌烦的人。从托儿所开始就一直烦我，从一年级开始就让我觉得闷得喘不过气来，因为他一直坐我旁边……只对运动和电脑感兴趣。上课时老是引我分心。戴着眼镜，很适合他，因为那是我选的镜框。老是偷我的橡皮。

哎呦，那个讨厌鬼看到我写的内容后，偷了我的铅笔！

难道我没说他是个怪人吗？！

真正的怪人是身上臭气熏天的约翰，那个你超级喜欢的人！

彼得

第三课

继那个讨厌鬼把我在学校的研究和地理课笔记弄得一团糟之后，我在家里的电脑上写了第三课，离他那双破坏性的手远远的。

定义：
正如我们在上一课中得出的结论：外表既重要，也不重要，其他所有的事情，无论多么微不足道，其实都非常重要。重要的是你对一个人的总体印象。我的妈妈称之为：整体的审美印象，而爸爸会说“整体的、全面的和综合的”。

局限：记住总体印象取决于一个人的观点。一些会影响我对一个人印象的重要因素可能对别人来说却不重要。举例来说，海伦，绝不会说约翰在女孩面前表现得像猪一样，因为她从来没有注意到这一点。而珍妮也不会说彼得很无聊，因为在学校里她不用整天和他坐邻桌。另一方面，举个例子来说，当我姐姐安告诉妈妈和爸爸她第一次陷入爱河，爱上了那个假装对长腿金发女孩不感兴趣、实际上对此十分渴望的白痴时，爸爸问她：“他的父母是谁？”妈妈问：“他乖吗？”当然，那些观点对安来说并不重要，对谁会是重要的呢？

所以我们脑海里对别人的印象是相对的，取决于创造那个印象的人！这意味着：

如果真爱是盲目的，那么坠入爱河则是短视行为！

“在恋人眼里，即便是一个怪物看起来也很美。”这是意大利小说家阿尔贝托·莫拉维亚说的，我在网上读到，用来支持第三课的观点。

建议：纠正热恋短视的眼镜或隐形眼镜还没有发明出来，你能做的只有尽量不失去理智，尽可能从更多的角度去观察事物。因为，所有的事情都是重要的！

课外作业：说服一位男性或女性朋友，选择五到六个异性朋友观察大约十天。你应该仔细记录所有这些看起来是重要的事。在期满后比较这些记录……你会因记录的差异而感到吃惊，但那正是我要说明的！所有的事都是相对而言的！

结论：如果所有的事情都是重要的，并且所有的事情又都是相对而言的，那么所谓重要都是相对而言的！你自己去想明白——如果你聪明的话……（我的脑子已经乱成一团了）

彼得枕头的另一面

（午夜时分，数了一阵羊后还是睡不着……）
……女孩子怎么这么傻？

拿珍妮来举例吧。首先她邀请史蒂文，他真的来了，她又说“他来这里干什么？”似乎这和她没有关系。“你能来看我们真是太好了。”——她表现得十分冷静……而当约翰从她身边走过时，她开始与玛雅窃窃私语，然后她们开始咯咯地笑……这都是事先计划好的，就为了激怒史蒂文，或是惹恼约翰——谁知道啊？！史蒂文脸色发青，就像你用汤匙吃的菠菜的颜色一样。要花些功夫才能让他冷静下来了！

“小富妹”也注意到了这一切，虽然她假装没看到。你能立刻感觉到她也不自在。她冷冷地看了看正在和珍妮咯咯笑的胸大无脑的玛雅，但她什么也没有说。她继续假装自己什么都不知道。我试着和她聊这件事，但她不停地转移话题——她知道我什么都会告诉史蒂文的，所以她回避谈论这件事。

女孩子不只是傻——她们也是邪恶的！比如海伦，马上就决定嘲笑史蒂文的到来，没有注意到珍妮正因为约翰而冷落他。呸，我讨厌那个海伦。我都等不及那个怪人把她抛弃，然后我就可以惹恼她，让她尝尝那种滋味。而且他也快要把她甩掉了——只要他对珍妮下手，海伦很快便成为历史——中世纪的历史！

女孩子故意装傻！而且邪恶！而且冷漠！很显然，史蒂文陷入了彻底的绝望中——他已经好几天没联系我了，就像他在生我气一样。“机关枪”说史蒂文邀请他一起去看比赛，而他没有打电话或是发邮件给我。也许他认为这是我的错，因为我告诉他珍妮会给他打电话。我想只能我给他打个电话了……

“小富妹”也傻，都不想跟我谈论这件事。她不是那么邪恶，但她仍然冷漠而且很恨我。其实，她承认她恨我！女孩们一张嘴就开始撒谎——用她们的眼睛、手、脸……她们一直在撒谎，一直在假装。你绝不会知道她们真正想什么。事实上，她们是彻头彻脑的疯子！没有一个是正常的！

还好我不是个女孩！男孩，女孩的心思你别猜……

研究问题：
为什么我们应该谈恋爱？

方法：研究文学和传说

技术支持：诗歌——爱情诗歌的黄金宝典（爸爸在他们结婚四周年纪念日上送给妈妈的那本）；网络

智慧（选自网络）

1. 陷入爱河极其简单，但失恋实在糟透了！——佚名
2. 初恋只是一点傻加许多好奇。——萧伯纳
3. 陷入爱河……我宁愿陷入巧克力河中……——佚名

布丽奇特姑姑

（爸爸的妹妹，年龄39岁）

亲爱的，一定要谈恋爱，这样学校生活就不再那么无聊了。每天清晨，黎明时分你就会醒来，然后像蝴蝶一样飞到学校。当我在你们这个年纪的时候，我总是保存两份课程表——一份是我自己的，另一份是查理的。那样我就可以知道在哪儿总能找到我的第一个暗恋对象——查理，我不求回报的第一份爱恋。课间休息时我从不感到无聊。还有更好的——和同一个班级的人恋爱——那样你就能在整节数学课上盯着他看，时间快得在你说完“毕达哥拉斯定理”之前就悄悄溜走了！

对于度过学校的艰难时光来说，这真是太理想了，相信我！

爱情诗歌

预感

作者：德珊卡·马克西莫维奇

遇见你
在这冰雪融化之际，
暖风习习，
因你靠近
我心已醉，
带着期盼的呼吸。
我满怀柔情地看着你的足迹，
在皑皑白雪间清晰，
我知道我将爱你，
每一天，
直到永远。

更多的爱情诗歌

忠告

作者：米洛斯拉·安蒂克

重要的是我们该知道：
男人只有自己渴求，才被别人需要。
只有当我们付出我们的全部时，
我们才能完整。
只有当我们说的话真诚时，
我们才会明白，
只有当我们寻觅某人时，
那个人才会找到我们。

唐纳德

（爸爸最好的朋友，年龄：46 岁）

嗨，小姑娘，你什么时候给自己找个男朋友啊？你整天盯着自己的电脑，那样会损伤你的视力。你不去打扰你悠闲的父亲可不太好。看看他——他又高又胖！他该看到你偶尔和男孩子在一起，你知道的——拉手啊，这样那样啊……他肯定能减点肥！然后把这个小伙子带来，这样我们就能在一起看比赛，不用再看你们三个女人在冠军杯比赛时，在电视机前走来走去！请为我们共同的目标做点什么吧，亲爱的“小富妹”！你说没有人能让你陷入爱河，这是什么意思啊？！肯定至少有五个男孩子在等你的示意！这是个必赢的赌注，相信我！我唐叔叔什么时候错过呀？

更多的爱情诗歌：

不要惊动，不要叫醒我所
亲爱的，等他自己情愿。
（雅歌，《圣经·旧约》）

更多的爱情诗歌：
亲密

作者：保罗·艾吕雅

我把你造得像我的孤独一样大
整个世界好让我们躲藏
日日夜夜让我们相知
为了在你的眼里不再看到别的
只看到我对你的想念
只看到你容颜的世界。

妙语箴言（选自网络）

1. 恋爱就像发烧，它来去全不听凭人的意志。（司汤达）

2. 爱情位于山顶，高高地耸立于理智的山谷之上。它是一种存在的升华状态，生活的最高峰。（杰克·伦敦）

3. 真正爱自己意味着不是只爱自己。（叶甫根尼·叶夫图申科）

第四课

仅仅通过总结前面的研究，我们可以把对“我们为什么该谈恋爱？”这一问题的回答分类：

1. 这样我们就能失恋（图 1）
2. 出于傻乎乎的原因（图 2）
3. 出于好奇（图 3）
4. 这样我们就能爱自己了（图 4）
5. 为了消磨时间
6. 那样我们在早上较容易起床（图 5）
7. 为了爸爸的健康（图 6）
8. 为了我们自己的健康（图 7）
9. 为了能熬过艰难的数学课（图 8）
10. 为了避免陷入巧克力中（图 9）
11. 为了冠军杯
12. 因为爸爸的好朋友总是正确的
13. 因为发烧
14. 代替登山运动
15. 因为有人在等着与我们相恋（图 10）
16. 因此爱情诗歌才会存在

图 1

图 2

图 3

图 4

图 5

图 6

图 7

图 8

图 9

图 10

当然，尽管在这些答案里，每一个都有点儿正确，但没有一个接近完全正确或者是最终答案。每个人恋爱都有着不同的理由……我想调查那些原因是否有意义（所以，很可能，你觉得……）？

如果你想用理智谈论爱情，你将失去理智——一个古老的法国谚语如是说（也是在网上找到的）——所以，为了不冒做傻事的风险，我放弃了……

当我想起我在书本里、在网上以及对人们进行的采访中费劲搜寻到的所有东西里，我唯一真正喜欢的是姑姑关于蝴蝶飞舞的评论。当你陷入爱河时，我想不用任何特殊的目的或原因，它就会安然而至，你的内心和你周围的一切都开始飘飘然起来。那一定是很棒的感觉……当我陷入爱河时，我知道……

那么，下一个问题是……你怎么知道自己什么时候陷入爱河？嗯，我想第五课需要一些基础研究……

来自彼得的电话录音

彼得：是你吗，史蒂文？

史蒂文：彼得，老兄！

彼得：你在忙什么呢老兄？好几天没联系我了！

史蒂文：痛苦啊，老兄——忙着学校的功课呢。我们要物理期中考试了，我为此临时抱佛脚了一番，但我没指望了，真的。

彼得：我以为你因为什么原因在生我的气……我一次又一次地打开邮箱，可惜一封你的信也没有……

史蒂文：为什么生你的气？！我生自己的气，老兄，我成了一个超级傻瓜。我不该来的，为了那个呆子把自己弄得像白痴一样……

彼得：你在乎什么，那是她自找麻烦……以为她是个辣妹，别管是什么……自从珍妮开始和玛雅混，我都认不出她了，她已经变得傻乎乎的了……

史蒂文：那么她最后和约翰成了吗？

彼得：倒是希望她能成！他还和海伦在一起呢！那个怪人还在脚踏两只船。我无法理解她们，怎么会盲目得连这一点都看不出来？

史蒂文：听着，老兄，我们别在那些傻女孩身上浪费时间了。我们需要她们干什么？就为了她们傻而生气吗？我已经决定再也不爱任何女人了，那是毫无意义的……要是我再那样做，你就直接往我脸上吐唾沫！生活中一定有上百件比被某个傻女孩迷上更重要的事……

彼得：当然有啦！谁在乎她们……女孩们真的很讨厌……无论如何，她们得到了约翰，所以可以为他争风吃醋……“小富妹”是唯一看清他是疯子的人。你觉得她真的了解他吗？

史蒂文：“小富妹”是个女皇，不理睬男孩子……但是你很难预料，她毕竟是个女孩，那股傻劲随时都可能复苏……看看珍妮，她和我谈恋爱时还是正常的，看看她现在！

彼得：先别提女人了，你什么时候会过来？

史蒂文：我会离开那个街坊一段时间。你为什么不到我这里来见见和我在一起的家伙们？我们班上有个叫莎拉的女孩，长得就像劳拉·克劳馥，我是说安吉丽娜·朱莉，她真的是辣妹……傲得不行，但你该欣赏一下她的美腿，老兄……过来看看吧！

彼得：史蒂文，老兄，你刚说过你绝不会再爱上一个女人……要是我能的话，我肯定往你脸上吐唾沫！

史蒂文：谁说爱上她了？那是绝不可能的！但接吻又是另一回事……冷静点，老兄……

彼得：你疯了，老兄……看看那个傻瓜珍妮都干了什么好事！

史蒂文：你要是还想和我做朋友，就别再提那个名字了！连“珍”都不要提了！对我而言，她已经死了，你懂吗？

彼得：好了，别发脾气？！我们不再提她了，如果那样能让你好受点的话！

史蒂文：当然会让我感觉好点——我不想提任何不存在的人！那么你什么时候过来呢？不如周六来吧，在这里待上一天！我们会玩得很开心的！

彼得：好！得到我爸妈的同意后我会发邮件给你。再见！

研究问题：你怎么知道自己陷入爱河了？

方法：调查问卷
技术支持：心理学书籍

在详尽研究了心理学书籍中关于热恋的征兆后，我设计了这份调查问卷，明天分发给我们班的每个同学。然后我会根据比例分类列举他们的回答，为第五课得出准确的结论。下面就是这份问卷：

问卷（请在仔细思考后，从下列选项中圈出你的答案）

1. 在你爱的人面前，你的眼睛发生了什么变化？

a）瞳孔强烈扩张
b）它们变得有点儿模糊
c）不由自主地眨眼
d）视野急剧变窄
e）看见红色

2. 你的耳朵发生了什么变化？

a）有一半的内容我没听到
b）它们变红了
c）也听到了不该听到的话
d）忽然耳朵开始嗡嗡响
e）因迷恋的负担，它们慢慢消失

3. 你的双手发生了什么变化？

a）双手发抖
b）咬手指甲
c）紧握双手
d）手掌出汗了
e）不由自主地挥舞双手

4. 你的双腿发生了什么变化？

a）膝盖发抖了
b）不停地左右脚转移重心
c）腿僵硬了，无法迈步
d）紧张地抖腿
e）双脚不由自主地出汗了

5. 你的腹部发生了什么变化？

a）肌肉绷紧
b）有什么东西颤动
c）嗥鸣
d）咕噜噜作响
e）烧心

6. 你的心脏发生了什么变化？

a）心快要蹦出来了
b）都跳到我嗓子眼里了
c）心跳加速，开始怦怦地跳
d）我觉得它好像要从我的胸里跳出来了
e）它融化了，就在我身体里流动

7. 你的大脑发生了什么变化？

a）什么？
b）大脑？
c）你说的是什么意思，大脑？
d）大脑在哪里？
e）什么大脑？

第五课

问卷不是匿名的——所有的参与者都同意了签名。班里的每一个人都填写了问卷（除了研究者以外），在对回答进行分析处理后，我们得到一些令人吃惊的结论。

一共有 32 名回答者，其中有四份问卷无效。

* 海伦给每个问题的所有选项都画了圈。

* “机关枪”给每个问题圈了两个答案，并写了下面的话：“恋爱如何影响我鼻子的问题在哪里？”

* 苏珊在整张卷子上画了 ×，然后写了如下评论：“难道你没有更好的事情做吗？”

* 彼得给每个问题加了一个傻乎乎的答案“f”。非常有趣！

一共有 28 位回答者正确回答了问题：

——有 5 个人（17.86%）大部分的答案选了“a”

——有 6 个人（21.42%）大部分的答案选了“b”

——有 5 个人（17.86%）大部分的答案选了“c”

——有 5 个人（17.86%）大部分的答案选了“d”

——有 7 个人（25%）大部分的答案选了“e”

根据上述数理统计指标，我们可以得出这样的结论：根据征兆的不同，反应也非常不一样。没有一个答案占绝对优势，可以称之为规则。这意味着规则就是：没有规则！所有的答案都是正确的！

曾有一刻，我认为整个调查问卷研究都是在浪费时间……但现在我认为它不是在浪费时间！我现在掌握了全班同学热恋征兆的资料，因此可以马上在现实生活中辨识出来。谁知道啊，可能迟早有一天会派上用场……比如，如果班级里有男孩子爱上我，我会马上发现……我想最好能马上知道，这样我就能告诉他还是放弃吧……免得浪费时间！——反正没什么让我感兴趣的（除了科学方面的）。

我没能忍住，自己也做调查问卷，就是为了好玩！反正我没有陷入爱河，所以我能尽情地玩！看起来彼得也没有陷入爱河，他把整件事当成一个大笑话，还自己加了傻乎乎的答案。彼得和恋爱——那就像一只在北极的袋鼠！那个人眼里只有篮球、足球、电脑游戏和他自己！

我要去悄悄地做这个测试了！
我的答案不是研究的一部分！

短信——彼得/史蒂文

彼得：
周六10点到

史蒂文：
等你
车站

彼得：
好　到时见

史蒂文：
莎拉也来
还有其他所有人

彼得：
不感兴趣
“小富妹”就迷恋对每个人进行测试
我得了零分

史蒂文：
直到你遇到萨拉

彼得：
“小富妹”说：
毫无希望

史蒂文：
她不知道
事实上，她对你挺有感觉，哈哈

彼得：
因为珍，你已经失去理智了

史蒂文：
谁是珍？
打字手指疼
打固定电话吧

彼得：
现在不在家
周六见

研究问题：
如果你知道自己陷入爱河，你会怎么表达？

方法：现场观察

技术支持：照相机，纸和笔

昨天，年级全体同学去阿维拉山一日游。这是我用照相机记录研究所需要的一切材料的理想机会——迷恋的现场秀！没有人会怀疑我用掉两卷胶卷的真正原因。我假装我需要为这次远足留下纪念……胶卷已冲洗打印出来了！我把它们铺在桌上，然后为上述的问题选出最显而易见的答案。我应该给所有的照片加上文字说明，这样一切都一目了然了！

第一张照片

“机关枪”和玛雅。直截了当的追求，毫无拘束。特别明显（尼克）。特别隐秘（玛雅）。

第二张照片

罗比和玛吉。具有牺牲精神的追求。罗比只有神魂颠倒的时候才会做出这样的牺牲。我觉得玛吉不会知道如何欣赏那种方式。

第三张照片

“托儿”和海伦。

浪漫的鲜花追求法。

好方法，但用错对象了。

第四张照片

海伦和约翰。

毫无拘束的追求。目标——让每个人都看到我爱你。开始很合心意，但随着时间的推移变得令人喘不过气。

第五张照片

珍妮和约翰。尽在不言中，这种追求叫做“难道你看不出来吗？你这个傻瓜，我爱你，我都嫉妒得要杀人了。”适合愚笨的人。

第六张照片

“蝙蝠侠”和苏珊。

一年级的追求法；有些人显然还没有长大。“蝙蝠侠”甚至都不知道这是种方法，但照相机知道。

第七张照片

“机关枪”和相机——第二次尝试。

好色的/愚蠢的追求法。等一下，“机关枪”是不是喜欢上我了？？

第八张照片

彼得和“某人”。

现代追求法。

要是我知道彼得跟谁短信纠缠了半小时该多好？！

第六课

这些照片只是来自现场的说明性例子。当然，还有一百万种其他方法（成功或不太成功的）向某人表达你的爱。它们取决于以下几点：

小心！上述因素间最细微的不协调都会直接导致灾难！但不要失去希望：如果你坚持好好努力，开始的失败也能转向成功！正如讨厌鬼彼得喜欢说的那样："只有终场哨声吹响，比赛才算真的结束——最让人兴奋的进球是在第 90 分钟时的进球。"这都取决于练习和坚持。

课外作业：

1. 制作一本能展示你们班同学如何表达爱意的相册。
2. 给每一种追求法起一个适合的名字。
3. 把你和你爱的人放进相册的每个场景中，并试想那会是什么样子。
4. 删掉任何出于某种原因不适合你的情景。
5. 要是删除后还有什么剩下来的，好，用上它。
6. 要是删掉后什么都没剩下，也好，创造一个全新的方法。

来自彼得的电脑屏幕

发件人：史蒂文（stevens@worldnet.yu）
发送时间：10 月 24 日 11：00
收件人：彼得（peter@worldnet.yu）
主题：莎拉：你通过了

彼得，老兄，她已经为你而兴奋了！每隔五分钟，她就会缠着我谈论你——你什么时候再来？你有女朋友吗？你有没有和我说起她……以及其他所有女人们会说的傻事。我看见你在我电脑上安装那个新游戏时和她聊过，但不知道你干了什么让她动心。她真的很喜欢你啊，老兄！你无比聪明，你知道怎么处理电脑上的一切，你看过所有她喜欢的电影，你和她一样喜欢 M&M，你有一双美丽的眼睛……眼睛！！老兄，你的眼睛到底长什么样？你怎么样？看起来你也喜欢上她了！别害怕，快告诉你的哥们儿！

史蒂文

发件人：彼得（peter@worldnet.yu）
发送时间：10 月 24 日 21：14
收件人：史蒂文（stevens@worldnet.yu）
主题：回复：莎拉：你通过了——绝不可能

老兄，别提这个了！她说的那些关于我的事情——你真指望我会相信你？！你想想吧，你到底怎么啦！我们不是说过不在乎女孩子吗？她也许挺可爱，但她就像其他女孩子一样烦人……要是你喜欢，你去找她吧。我不感兴趣。

不过你知道发生了什么新鲜事吗？我们班来了个新男孩，维克托。他会打排球，他的个子甚至比“蝙蝠侠”还要高。他不算太糟，但他马上就开始对女生们评头论足了！他问起玛雅、“小富妹”和别班的卡萝尔，问她们是否在和谁约会。不要担心，他说珍妮很普通，至于海伦，他说他根本不想和她有任何来往。你觉得我该告诉“小富妹”他喜欢她吗？

向莎拉问好，还有其他人。我们那天玩得真开心。

彼得

又：我不知道，维克托可能是个怪人，所以最好他是和玛雅在一起，而不是“小富妹”。

研究问题：你如何和某人建立关系？

方法：实验
技术支持：流言蜚语

随着研究的进展，越来越多的难题需要被攻克，而且愈加明显的是我不能一直只停留在理论领域。为了调查谈恋爱的实践领域，我自己必须进行一次非常深入细致的实验。我会假装我谈恋爱了，在班里散布这个消息，然后和所说的那个人建立关系。毕竟，世界上最伟大的科学家开始时不是都拿自己做实验吗？！想要得到某件事的精髓，除了个人经历，还有更好的方法吗？

（两天后）

我已经选好了样本——我们的新同学，因为爱上那些我已经认识的人会引人怀疑，而且也不现实。这个新同学还说得过去——长相还行，爱运动，外向，看起来不像个怪人……嗯，看起来也不太聪明，不过毕竟没有人是完美的。

为了造成一见钟情的印象，在他第一次到来大约 10 天后，我向珍妮吐露了心事，我开始恋爱了。当然，珍妮答应不告诉任何人，但我知道她只会告诉玛雅，这就足够达到预期的效果了——接下来的事情发生了：

玛雅很有信心地告诉海伦；

海伦悄悄告诉了约翰；

两分钟后，约翰告诉了“蝙蝠侠”；

“蝙蝠侠”告知了我选的目标，也就是维克托。

这个小道消息花了 270 分钟和两次课间休息终于圆满，然后我就站在了这次关系实验的起点。

让我很惊讶的是，维克托并没有浪费时间。就在我最早告诉珍妮的 270 分钟后，维克托把我带到一旁，大大的绿眼睛看着我，然后说出了那句传统的傻话：“你愿意和我约会吗？”

我的回答更傻：“当然愿意。”虽然我很满意我的实验开始了，但我依然有点失望。一切都简单得不能再简单了。我们走到了一起，开始约会。所有这些都意味着我明天必须找出答案。因为在接受他后我就借口说有音乐课，冲回家想下一步怎么办。幸运的是维克托住在另一个方向，所以我成功地避开了他。

我不知道我是否该告诉彼得这一切都是个实验——也许他能给我一些建议。他也许令人讨厌，但他是个男孩子。我想在回家路上告诉他发生的一切，但他忽然消失了，就像地球把他吞了一样。我到家后给他打了电话，但他妈妈说他刚刚扔下书包就跑去游戏室了。又是那个《反恐精英》，现在我比任何时候更需要他了！

第七课

实验得出的第一批印象：

1. 科学需要牺牲！
2. 谣言比闪电还快！
3. 样本有着绿绿的眼睛！
4. 建立关系的过程非常愚蠢！

实验得出的最后一批印象（思考了两个小时后）：

1. 你最需要的人在你最需要他的时候找不到了！
2. 明天已经到来！红色警报！
3. 到底是什么让我和科学扯上关系了？
4. 要是你不知道怎么从实验中走出来，那就绝不要开始！

彼得父母的谈话

妈妈：你换到 3 频道好吗？ 11 点半时会有桑德拉·布洛克主演的浪漫喜剧片，电视节目单上有的。

爸爸：电影演到一半你就打瞌睡了，看它又有什么意义呢？彼得睡着了吗？

妈妈：他的灯已经关了，我猜是……

我不知道，我担心他可能感染病毒病倒了，他从学校回来时，满脸通红。

爸爸：也许他是跑回来的……

妈妈：他把书包扔到沙发上就又跑出去了。

爸爸：那有什么不对？外面的天气不错啊！

妈妈：哦，是啊，游戏厅里的天气是不错……他光玩那些恐怖暴力的游戏……

爸爸：那是当今的潮流啊，不过过段时间他们会厌倦的，不用担心。

妈妈：而且他回来后不想吃任何东西……

爸爸：那可能是因为他不饿，别慌！

妈妈：连煎饼都不吃了！

爸爸：哦！那可不一般——他量体温了吗？

妈妈：没有，他说他没什么不舒服的，让我别管他。

爸爸：啊，电影开始了！你该让他一个人呆着，别时时刻刻烦他、看着他……

妈妈：一定有什么事，他只是不说。他测验不及格？

爸爸：他应该会告诉我们的，你知道他从不隐瞒自己的分数！你记得去年他告诉我们他英语作文得了“D”吗？

妈妈：你又提那篇作文！那是第一次也是最后一次我给他写作文！他有个连拼写都不会的老师可不是我的错！想象一下她居然给我打了个“D”，真替她害臊！

爸爸：你跑题了！

妈妈：别打岔！谁在乎啊！听着，他在学校里一定发生了什么事，“小富妹”在他离开的一分钟后打来电话找他，她整个人都慌了……肯定发生了什么事我们不知道……他们吵架了吗？

爸爸：他们两个一直在吵架，这不是新闻了！

妈妈：好吧，我很不安……他回来，洗了个澡就直接上床了——他甚至都没有开电视！

爸爸：你还想不想看这个肥皂剧？如果不想，我想看 NBA 比赛了！我打赌你不知道这电影是讲什么的！女主角叫什么名字？看——你不知道吧！

妈妈：谁在乎她叫什么啊？好像很重要似的！不要动那个遥控器！

研究问题：既然我们约会了，会发生什么呢？

方法：实验（第二部分）

技术支持：没什么可以帮我的！

准备：

幸亏今天我们少上了前两节课，我有时间考虑接下来该做什么（既然维克托和我都是一对了）。

“A”计划

1. 打电话给彼得解释发生的事。
2. 忽然生个什么病，不去学校了。

现在很严肃的：“B”计划

1. 打电话给彼得解释发生的事。
2. 利用我的表演天赋，大胆地继续实验。
3. 根据进展情况，上课时草拟第八课的概念。

实现

“B”计划的执行在第一阶段的中段接近停滞状态。我给彼得打了好几个小时的电话，但一直占线（这个白痴肯定一直在上网）。他的手机打不通，10 点左右我去了他家，但他已经离开了。所以我没能向彼得解释实验目的，只能独自假装幸福地出现在学校操场上，没有人支持我的科学事业。这意味着我直接撞上我新的男朋友。昨天我那么容易地就和他好上了。灾难啊！

他马上就看到了我，然后走过来：“嗨！你的音乐课怎么样了？”

“什么？”我咕哝着，然后就恢复了我的睿智，使出我的表演天赋，冷静地回答：“哦——老一套，老一套！”他拉起我的手，这让我很惊慌失措，有好几秒身体变得彻底僵硬。幸运的是，学校上课铃响了，这让我找回了理智和决心。我们手拉着手往前走，全校的人都知道我们是一对了。“‘小富妹’，小姑娘，你也恋爱啦！”负责清扫的女士朝我眨眨眼，虽然我把头发披下来挡住脸。“蝙蝠侠”和杰克斜眼看着我们，朝我们的方向指指点点。

海伦站在楼梯的最上面一级大喊：“嗨！小情侣！”

我迫不及待地想回到我的课桌，和维克托保持一段安全的距离，但他紧跟着我，滔滔不绝，说个不停——这是我第一次盼着历史课马上开始。

然后历史课开始了——但那个傻瓜彼得连人影也看不见。终于，10 分钟后，他心急火燎地冲进来，为迟到道歉，搞得老师（我们都叫她“埃及艳后”）都稍微有点神经失常了。

他一坐到自己的座位上，我就递给他一张纸条，上面写着：我有重要的话对你说！他一边直直地盯着老师，一边在上面写道：我知道，恭喜你有男朋友了！“埃及艳后”发出嘘声：啊哈！现在你又在写纸条了！你错过一半的课还不够啊！把那个纸条递过来，去找校长报到！彼得别无选择，只能离开。我绝望了，因为我最后一次向他解释发生了什么又失败了。

下一节课是体育课，我还是无法找到他。课间休息时，维克托离我太近，弄得我差点儿无法呼吸，更不用说做其他的事了。啊，这场恋爱游戏真是重体力活啊——这个实验必须尽快完成！

数学课上，像往常一样，我们没敢吭一声。而在英语课上我收到一个更大的意外：维克托把他的包放在我的书桌上，然后就坐在了我旁边！即使是为了做实验或是写这本书这样也太过了！“彼得！”——我哀嚎道，但我原先的同桌冷冷地对我说：“维克托拜托我交换位置的！我可以！没问题！”看着他那对红耳朵和那副架在鼻子上他不停向上推的眼镜，我目瞪口呆。我无法相信在我身上发生的一切。事情已经完全失去控制了！给那个讨厌鬼解释任何事情都没有意义了。他在可能出现的最糟糕的时刻背叛了我！

结论：

在这样的一天结束后，谁还有力气坐下来写第八课的内容？明天我或许会有更多的智慧——幸运的是明天是周六，我不用上学！

第八课

今天早上，我并没有比以往聪明，在我“惊人的”实验后，我能为这一课想到的唯一重要结论如下：

如果事情有一丁点儿机会变糟——它就会变得更糟！

我不故作谦虚，课本中的理论部分我写得还是很棒的。但实践的一面似乎进展得不太顺利，那正是我要寻求外界帮助的原因。还有谁比妈妈更好呢？！我妈妈不时地借用那句著名的老话：“告诉妈妈你的一切——包括好事和坏事——因为妈妈是你最好的朋友！”那句话已经烦扰我好几年了，但人快淹死的时候连根稻草也要抓住。或许值得一试！

妈妈：非常好，你把这一切都告诉了我——记住，亲爱的，

妈妈总会理解你，给你最好的帮助！

我（对自己说）：那话我已经听了好多年了——现在让我们来点儿具体的！

妈妈：你首先需要知道假装恋爱是不可能的！那意味着你的实验从一开始就注定会失败。爱不会因设计、决定或实验而发生——那是来自内心的感觉，爱是自然而然，应时而生，并不由你决定的。那正是为什么你觉得找男朋友那么难！相信我，当你真的陷入爱河，一切不会如此艰辛！正好相反！你会陶醉于每一眼，每一次接触，每一句话以及你们在一起的每一刻……

第二，这一点也很重要。你所做的事对那个男孩很不公平！要是他真的爱上你怎么办？你应该立刻停止那件荒唐事！更别提彼得了！

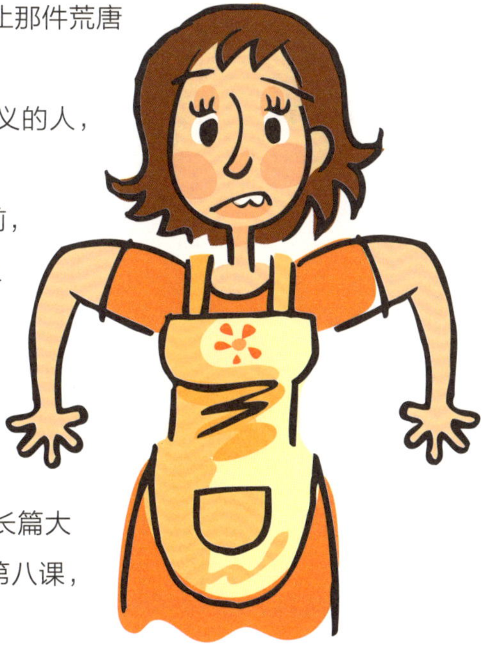

我：彼得和这件事有什么关系？他是个背信弃义的人，都迫不及待地不想和我再做同桌了！

妈妈：你这么认为吗？要我说，在一切就绪之前，你需要多上些关于恋爱的课。但这些课在网上或教科书上找不到，从你的内心里寻找吧……

就在那一刻，厨房里冒出了烟雾。我可以打赌妈妈说了那个词——扯淡！尽管她发誓她没说。我没有审视自己的内心，而是直直地盯着稍微有点儿发焦的馅饼，心里想妈妈的长篇大论怎样成为关键的一课，所有单元课的根源，第八课，我还无法独立完成。

和史蒂文的聊天

给彼得的信息：我看见你在线了。请同意加我！史蒂文

给史蒂文的信息：同意加你了，好！

史蒂文：嗨！有什么新闻吗？

彼得：有也没有！我该从何说起呢？

史蒂文：从结尾！或中间吧！随便你从哪里，老兄，说说看。看起来好像你真的不想讲……

彼得：你记得“墨菲法则”吗？那似乎正发生在我身上！你不会相信的！

史蒂文：谁喜欢那本书啊——快说！

彼得：最不可思议的事情是昨晚在珍妮的晚会上，苏珊搞定了“蝙蝠侠”。你能想象苏珊和“蝙蝠侠”接吻吗？！恐怖和科幻小说合体了！

史蒂文：珍妮举办了晚会？她是在庆祝什么吗？

彼得：不是的，只是找个机会聚聚……嗯，其实我知道她为什么举办晚会，但现在解释起来有点复杂……

史蒂文：你不说？！

彼得：一则，约翰踹了海伦……但等等，你别发火，他没有和珍妮在一起而是和玛雅一起。搞得珍妮和玛雅绝交了（已经无数次了）……然后又正常了……后来她邀请了每个人（除了玛雅和约翰）来参加晚会，来找点乐子……

史蒂文：哇！仅仅十天就发生这样的事……你说什么，她又恢复正常了？

彼得：像以前一样的珍妮！但等等，那仅仅是个开始，或实际上是中间一部分。在“小富妹”非常恼火不想和我讲话之前。

史蒂文：别再提这件事了。“小富妹”生你的气的可能性就像米尔沃尔队赢了足总杯一样。

彼得：而在那之前，她和维克托好上了，那个新来的怪人，现在他们已经分手了。并且她只有在不得已时才冷冷地对我说话。

史蒂文：等一下，我都听不懂了……“小富妹”到底是不是在和他约会？

彼得：前一天他们还约会了，第二天他们又不约会了。你觉得那正常吗？她已经疯掉了。我不知道她到底怎么回事……后来我也疯掉了……

史蒂文：为什么？因为他们分手了？

彼得：哈哈，非常有趣！我生气是因为她不跟我说话！还有我们现在已经不是同桌了！就是因为那个白痴我才搬走的，为了他能跟她坐一块儿，接着这个白痴又搬去跟“托儿”做同桌了。结果我就跟玛吉坐在一起了，因为“小富妹”不想再和我坐到一起了。然后珍妮和“小富妹”坐在一起，因为她和玛雅吵架了，事情就是这样的……

史蒂文：现在没有人教你语法了吧，因为玛吉也无药可救……

彼得：但问题是我不知道“小富妹”为什么生我的气！她和维克托的关系现在很好，就如同他们从未走到一起，或从未分手一样，而她却不肯跟我说话……在聚会上她只说了声“嗨”就没事了……我们甚至没有一起走回家！

史蒂文：那问问她啊！你需要知道到底怎么了！

彼得：她都不跟我说话，我怎么问她呢……显然，她恨我！

史蒂文：废话！你一定说了什么傻话或是戏弄了她！你是说珍妮不再和约翰在一起了？她没有邀请我去参加聚会……

彼得：你会来？

史蒂文：也许。谁知道啊？我不知道。爸爸要用电话了……保持联系，让我知道都发生了什么事！拜拜！

研究问题：
我哪里做错了？

方法：分析综合（和妈妈的谈话后，我们把炭化的馅饼扔到垃圾桶里，设法清除了平底锅里剩下的炭。她建议我做一个分析综合——别管那是什么意思。）

技术支持：之前所有的课程

同时，我请安解释分析综合的意思。在她大量冗长的、过于科学的解释后，我意识到自己不得不重新反思我欠考虑的行为，并且明白它们为什么是愚蠢的。下面是我得出的结果：

一次实验失败的分析

实验注定失败是因为：

1. 我从来没有碰到合适的男孩！（参见第一课）
2. 我的外表和内涵都没有吸引力。（参见第二课）
3. 我没有因浪漫而变得目光短浅，相反，我太有远见了。（参见第三课）
4. 我想要明智一点，我本该飘飘然起来！（参见第四课）
5. 我在实验中没有任何迷恋的迹象！（参见第五课）
6. 我的方法是纯粹的伪装——毫无想象力或灵感！（参见第六课）
7. 用爱来做实验，这个想法本身就非常愚蠢！（参见第七课）
8. 我既没有看我的周围也没有审视我的内心！（参见第八课）

对这次失败实验的综合推理：

1. 在我自己编的教科书中，每一课我都得了“不及格”！
2. 很令我尴尬的是，我是被迫从自己挖的坑里逃出来的！
3. 我这次愚蠢的实验的结果既令人吃惊又痛苦不堪！维克托把它当作是一个笑话，但彼得在回避我，而且很可能讨厌我！

第九课

课程绝不能死记硬背，而是要经过充分理解。

学习的唯一目的是将其运用在现实生活中。

实践改变、修改和改正我们学到的理论，并不断为教科书增加新的章节。

一本关于恋爱的教科书只能是个开始，其他的一切都取决于我们。

一本关于恋爱的教科书只能是个开始，其他的一切都取决于我们。

对每一个男孩和每一个女孩，都有一本不一样的关于恋爱的教科书！

为实验的辩解：

这肯定不是第一个以失败告终的科学实验！没有经历一系列失败的实验，就不可能得出任何一个重要的发现。每一次尝试都离问题最终的解决近了一步！

你认为，在牛顿发现万有引力定律之前，有多少苹果落到了他头上？阿基米德要洗多少次澡才能大喊：“尤利卡！”

我想我自己损失惨重的实验确实达到了某种目标……我在审视我的内心……我对内心的发现感到很惊奇……依然很难相信……

彼得疯狂的梦

走步违例！我又一次把球丢了，成了笑柄！穿着条纹运动衫的“埃及艳后”吹响了哨子，然后把球递给了女孩们。珍妮佯攻史蒂文，史蒂文脚下一滑，摔了个屁股墩，然后珍妮把球传给了苏珊。我看不见球了，忽然“小富妹”拿到球，站在三分线上。我防守她，可她速度更快——三分球！球迷们在欢呼，每个人都不支持我们！班主任拿起一块标语牌，上面写着：“女孩——梦之队”……记分牌上写着女生队 94，男生队 72，离终场哨吹响还有 4 分钟……我拿到了球，一次精湛的助攻，球传给了“蝙蝠侠”，他错失了一次轻松得分的机会……小苏珊运动鞋里有弹簧，她跳得比我们高，在半空中断球，对我们咧着嘴笑……我追着“小富妹”，她在运球……忽然，她变成了“大鲨鱼”奥尼尔，然后扣篮了！我站在球场的中间，揉着眼睛，嘴巴大张。“小富妹”，现在又变成了她自己，但有 2.5 米高，给了我一个飞吻。我晕倒了，看着大家都朝地板上的我围拢过来。三个啦啦队队长跑出来开始表演她们的固定节目。其中一个是史蒂文学校的莎拉。“小富妹”缩回她正常的高度，然后在我失去知觉的身旁跪下来。我醒来，恢复了知觉，对上“小富妹”蓝色的眼睛。我试着微笑，忽然她开始大喊：“你这个背信弃义的人，你这个讨厌鬼！”

我感觉很糟糕，但我还是像什么都没发生一样站了起来。我下决心我们必须打败她们！“蝙蝠侠”把球传给我，我得分了！海伦对我犯规了，这个额外的罚球让我又得了一分！观众在起哄，但现在我

们有底气了。“托儿”断球，传给我——三分！玛雅丢球了，我飞身去抢球然后传给“机关枪”，他扣篮了，吊在篮筐上晃来晃去。终场哨响，我们输了。球迷们欣喜若狂。维克托没参加比赛，走向“小富妹”，拥抱了她，但她转向我，我能读懂她的唇语：我爱你。我不敢相信自己的眼睛，又看了一次，她的嘴唇又以同样的方式再说了一遍。忽然我飞到了人群上方，篮球框，看台……屋顶打开了，我在学校操场上方飞翔，城市、云彩……我太开心了，简直不敢相信……我身体的每一部分都感觉到我恋……

叮呤呤呤呤呤呤……！

我在往下掉了！我又一次躺在了操场中央，我看见了“埃及艳后”，叼着哨子，凝视着我的脸。忽然她变成了妈妈：“儿子，看起来你做了个噩梦！”她说。枕头被汗水弄湿了，我睁开眼睛……“其实，我做了个美梦，妈妈”——我自言自语，梦慢慢地破碎，消失了……

研究问题：我真的恋爱了吗？

方法：自我分析

技术支持：心—脑连接

文学作品和现实生活中，没有一个人说过这会带来痛苦。他们谈及的是兴高采烈、飘飘然、成就感、美貌、坦率、一种自然的状态——对于我身体里每一部分都感受到的那份痛苦，没有人提过一个字。

我们不再一起闲逛。
我们不说话。
我们回避彼此。
我无法凝视他的双眼。
我一看到他就变成石头人了。
当我想起他，我的胃就会疼。
他恨我，这个事实让我真害怕。
我不知道我们该如何弥补。
我想他。

他总能理解我所做的傻事。
纵然我说他是个讨厌鬼，其实他能逗我开心。
我喜欢他偷我的橡皮。
我们一起做数学测验。
我们悄悄把历史答案告诉彼此。
我没有注意到我不能没有他。
他在我身边时，我不需要在心里寻找他。

也许，所有这些必须发生，这样我才能最终理解彼得对我多么重要。也许这是唯一让我意识到我已经恋爱了这么久的方法！

那么现在该怎么办？我该怎样让事情回归正常，把彼得追回来。至少回到我们的课桌，做为一个开端……但再也回不到从前了，因为我们不能像朋友那样再相处了……

最后终于还是发生了！但以最糟糕的方式！非常出乎意料的是，我爱上了我最好的朋友，而他甚至不再想和我做朋友。

我不想和他做朋友！彼得应该做我的男朋友，这样这种隐痛就会停止！这是唯一的解决方法！所以现在需要做的，亲爱的“小富妹”，就是行动！但是我感到非常恐惧……

第十课

结论：

1. 我们常常看不到眼前的东西。

2. 在你自己的内心寻找，你就能碰到各种各样的东西！

3. 直到失去他们，你才知道有些人对你有多重要。

4. 爱让人受伤——深深受伤。

5. 理论毫无用处。

6. 把教科书扔掉，投入行动吧！打败你的恐惧——行动或者死亡——你没有什么好顾虑的了！

行动的计划

A　再用一次“谣言”！***恶心！***

B　运用现代科技提供的有利条件——电子邮件，短信息……***懦夫！***

C　用闪闪发亮的纸把这本“恋爱手册”包起来，送给他作为礼物。***可悲！***

D　准备一次谈话，放学后把他带到安静的角落，告诉他一切。***真可怕！***

E　像以前我们还是朋友时那样，去他那里，假装什么都没有发生——让事情自然发展。***那可能奏效！***

写给读者的话：

想想你读过的内容，要是你是我的话，你会怎么做？把你的答案写下来。

彼得和我的故事会怎样结局？

来自彼得的电脑屏幕

发件人：史蒂文（stevens@worldnet.yu）
发送时间：12 月 1 日 16：00
收件人：彼得（pavle@worldnet.yu）
主题：真是个蠢货

你绝不会相信在这一切发生之后我做的事！我给珍妮发了个短信："你现在还好吧？"她回答她很好，想见我。我是不是个彻头彻尾的蠢货……告诉我，我该做什么呢？

史蒂文

发件人：彼得（pavle@worldnet.yu）
发送时间：12 月 2 日 22：12
收件人：史蒂文（steven@worldnet.yu）
主题：一个更蠢的蠢货

昨天我根本没有查看邮箱，因为我感觉身处地狱，所以现在才看到你的信息。我想现在告诉你该做什么太晚了——你现在是个蠢货，而且很可能以前就是。我只是想提醒你，你答应绝不再陷入爱河了，尤其是不和珍妮！好，我在开玩笑！不要生气！我知道那正是这件事彻底结束的方法，我很高兴你给她发了信息。你不是个蠢货——你是我的铁哥们……好样的！

我才是个蠢货，我花了 100 年的时间才搞懂我自己的问题！当你读到这里不要从椅子上掉下来，也不要嘲笑我，否则我会把你勒死！好，老兄，我的问题是我爱上了"小富妹"！我已经能看见你捧腹大笑，但理解我一下吧——我耐心地听你经年累月地发牢骚抱怨珍妮，所以你该听我说一会儿了。我刚刚决定问她为什么不和我说话，为什么生我的气，忽然意识到我吓得要死……因此我不停地推迟去找她，事情也变得越来越难了，最后令我大吃一惊的是我发现一切完全和我想象的不一样——我爱上她了！你知道谁才是真正的蠢货了吧！那个白痴深信恋爱这件事完全是垃圾，绝不可能发生在我身上！但它发生了，以最糟的方式：我爱上了我最好的朋友，她不再和我一起出去玩，更别提约会了！我比蠢驴还蠢！她现在宁愿和大猩猩一起，也不愿和我一起走！悲剧啊，老兄……

彼得

动作片
一个
开放性
的结局
行动还是死亡？
主演：
奥斯卡奖得主“乡巴佬”
迷人的伊莲娜——“小富妹”

“小富妹”（傻乎乎地盯着电话看，好像她第一次看见电话一样）

现在或永远不！我将给他打个电话，仅仅问一个傻问题。我能问什么呢？我们有数学作业吗！？呃！他有《君在何处？》的复印本吗？傻！我想到了！英语老师说我们今天将参观当地的图书馆，我就假装忘记了具体时间。三、一、八，咔嗒。我担心……要是他只说“一点半”就挂断了怎么办？没事——那么我就只是问问他又怎么样……谁在乎啊！三、一、八、四……咔嗒。要是我请他过来，告诉他我的计算机死机了，他可以帮我重新安装下软件……三、一……咔嗒。那才傻呢——他过来结果电脑却没问题……不，三、一、八……那太容易被识破了……四……他马上就会看出来，九、九、三……铃声响了，我把号码全拨完了……我该挂断吗？

彼得：你好？

“小富妹”（我现在做什么……）：你好，下午好，是彼得……彼得，是你吗……

彼得（我都无法相信，是她……）：……“小富妹”……是我。

“小富妹”（他全糊涂了……）：是我……

彼得（一定不能让她注意到我太兴奋了……）：我知道是你……

“小富妹”（现在放轻松……）：你在干什么呢？其实，我知道我们今天要去图书馆，所以我想问你，老师是说一点半到吗？

彼得（看起来她比我还糟糕……我很冷静……）：一点半！我是说，我不知道她昨天说的是不是一点半，但我们今天应该一点半到那里。

“小富妹”（他和我说话……）那正是我问的！就是那个！你现在在干什么？你能……

彼得（无论什么！）：能！

“小富妹”（他知道了……）：你能做什么？

彼得（镇定，彼得，她会注意到……）：我以为你想问我们能不能早点碰头？

“小富妹”（行动！就是现在……）：不是，我想问问你……你能不能过来，带上那个法老游戏。我有点儿无聊，想玩一玩……你能吗？

彼得（她知道了……史蒂文和珍妮又在一起了，他一定告诉了珍妮……我不该马上答应……）：我会在10分钟后到你那儿！

“小富妹”（搞定！）：太好了！我等你！

彼得（神情茫然地盯着电话）：我要杀了

史蒂文！也许他并没有告诉她……也许她只是想和我再做回朋友……但她听起来有点儿奇怪……真搞不懂。也许她因为对我生气感觉不好意思……也许甚至……我不敢想……她一直把我当做朋友……放轻松，彼得，她需要的只是游戏……我应该表现得正常点——好像我们从没吵过架一样……没有，真的——她只是不和我说话了……现在她觉得那很傻，想让一切回归从前！是的……不需要去胡思乱想！我该出发了……

一定不能让她看出什么，她应该永远不能发现，她会嘲笑我……也许她又会生气……我要走了！不，我得再过几分钟出发，这样她就不会觉得我太着急了……我需要刷刷牙，梳梳头……不，不梳头，她会以为这都是因为她……就是别忘了CD……我走了，谁还能再等啊？！我真是太紧张了，就像我从没去过她家似的，就像在比赛前一样。真是蠢啊！我走了！

同时，“小富妹”**（在卫生间里的镜子前）**：看看我！我的头发真糟糕，而且前额中间还有个丘疹。他看到我时可能会吓得往后退。我怎么会以为他会爱上我？从我们5岁起，他就一直把我当作是世界上最大的傻瓜！好吧，我们一直在一起，但我不是那个他会迷恋的辣妹。对他来说，我只是“小富妹”！看起来他不再生我的气了……听起来他很高兴我打电话给他……至少在经历了和维克托的那件傻事后，我们能弥补一些关系……也许他也没有意识到……哦，我在和谁开玩笑啊？他只关心自己将来有一天像佩贾·斯托贾科维奇一样到NBA打球。恋爱对他而言是愚蠢的——在我开始写这本教科书的第一天他不是这么说的吗？这该死的书！所有这一切都该归咎于它！我这么傻的主意是从哪里来的！他随时都会到了！哦，太恐怖了，我的胃打结了……我怎么啦？不就是彼得吗……门铃响了……深呼吸，艾琳……一切都会好起来的！

“小富妹”（放松，姑娘，假装一切都很平静……）：嗨，伙计！你好快！

彼得（我该来得晚一点，现在她知道我等不及了……）：来了……是……我来了……

“小富妹”（他真可爱，有点糊涂了……也许……）：进来吧！我无聊透了，然后想起来……（继续说啊，姑娘……打破这个僵局……）

还记得我们去年在你那里玩的那个“法老”的游戏吗？那个游戏真奇趣，

有各种各样信息告诉我们应该建什么可以让城市发展

……记得吗？我所有的金矿都烧毁了，因为我忘记派消防队到那里了……再玩一次也不错……（停下来一会儿吧，艾琳，你说的都是些废话……）

彼得（她多会演戏啊，我了解她……她只是想弥补我们之间的关系……）：所以你还记得你有我这个朋友……

“小富妹”（哦，真是一击中的啊……他还在生气……）你什么意思啊？听着，如果你还生我的气，抱歉我给你打了电话……

（我现在一定不能把事情搞砸了，我在说什么……）我是说你没有理由生气……

彼得（现在我已经搞砸了……）：我从来没有生气啊！是你忽然不跟我说话了，我都不知道为什么……

“小富妹”（我知道是我把事情搞砸的，你不必戳我的痛处）：我？！我为什么要生你的气啊？

彼得（她真是个厚脸皮！哇，她真是漂亮啊，老兄！她真的惹得我心烦！）我说你曾不想和我说话，你觉得这是我编出来的？

“小富妹”（事情发展得不太好……小心啊！）：彼得……你想喝点可乐吗？

彼得（我想亲你，你这个傻瓜）：当然，我都渴死了！

“小富妹”（好，让我想想下一步怎么做……）：我在发抖，我怎么啦，我怎么把这杯可乐递给他呢？

彼得（我真是白痴啊！一千米之外你就能看出我爱她，我得改变一下话题了……让我把这张CD放进去来镇定一下……）

“小富妹”（太好了！他把电脑打开了……谢天谢地，我不需要再不停地跟他解释了……）：可乐来了！哎呦，对不起！（当我们碰到一起时他就像被烫到一样猛地将手抽开！我真是笨手笨脚啊……）

彼得（电！火花！我到底正常吗？现在她该彻底看穿我了！）：对不起！是我的错……

“小富妹”（看屏幕，傻姑娘……）：太好了！我们一起玩吧！

彼得（她离我近得可怕！就在我肩上呼吸！她的味道真好闻！）：好，坐下来闻吧……我是说坐下来玩……（白痴，我都不能相信我说了什么……）

“小富妹”（他疯了……他起来了……看着我……什么都没说……我说了什么？他也……他也……）：彼得……

彼得（我就是这么一个蠢蛋！）：我……（她把手指按在我的嘴唇上，不想听，我的脸颊开始发烫，我闭上了眼睛……）

"小·富妹"（我爱死他了！）：我知道……（他还闭着眼睛，但他在亲吻我的手指！我头上所有的头发都竖起来了，太美妙了……他睁开眼睛，我知道他要亲我……哇！日食！光芒！）

彼得（我在飞！就像在那个梦里一样……她也在飞，我能感觉到……结束了……现在怎么办呢？）

"小·富妹"（就是这样！！！真的就是这样！现在怎么办？我该说些什么……）：我想……我想我们……到图书馆要迟到了……（他在笑！这个讨厌鬼！）

彼得（最伟大的恋爱专家完全迷糊了……我忍不住笑了）：我们走吧……我们走吧……给我你的手……我会把"法老"留在这里……

"小·富妹"（我们是多么奇怪啊）：……如果明天我们还会像今天这样玩……

彼得（嗯，等不及了……）你有时候确实会说些聪明话……虽然……

"小·富妹"（那才又是我的彼得了！我也开始笑了……）：虽然？！你什么意思啊——虽然我从本质上是傻乎乎的！你是不是想说这句话？！

彼得：绝不是！我绝不会说那样的话！

"小·富妹"：你不会说？！从椅子上站起来……看看时间！

……就在那时，这个动作片忽然变成了一个有着老套结局的浪漫喜剧。这本《爱情是什么》的研究材料和写好的每一课被乱塞到艾琳书桌最下面的抽屉里，和以前的课本放在一起，那些东西按照规律我们再不会打开了……

沉浸在新的快乐中，本书作者和彼得彻底忘了这个重要的科学成就，正如所有样本人物经历过的……除了……

12 月 27 日

离跨年夜只有几天了！我们将在学校里举办一个派对，而我……除了我——可怜的、傻乎乎的“托儿”，其他所有人都有一个愉快的约会，我在那里做什么呢？我知道他们叫我是因为我不聪明，运动方面无可救药，在班级里不会闹着玩……

有很多次我都到了疯狂的边缘，现在想想……我不会再如此自甘堕落了！我知道我不傻，我不在乎。海伦不给我这个机会，虽然她知道我爱上她已经好几年了……她总是所有注意力的焦点，和最厉害的运动健将在一起。对她而言，我什么都不是！甚至在约翰甩了她去找玛雅后，她还没有意识到她看起来有多傻……至于我，我只会继续等待……远远地爱慕着她……我怎么能改变呢？我到底有没有可能得到海伦？！

也许“小富妹”有办法成功解决我的问题！她和彼得相处得这么好，这都多亏了她那本声名狼藉的恋爱手册，她为此纠缠了我们好几个星期。她甚至不再提她那本“科学著作”了，但看起来那本手册里毕竟有些她发现并用得上的窍门。我必须去问问她的建议！我为她和彼得感到高兴，他们在一起如此般配……事实上他们一直如此，只是他们不知道……总有一天事情会变得顺利——我和海伦的时刻终究会到来！

“蝙蝠侠”和苏珊眼中只有彼此，周围的一切统统看不到。珍妮和史蒂文和好了，他又在我们的街区闲荡了。他们的爱比以往任何时候都激情满满……即使是我最好的朋友杰克离得到玛吉也只剩一步之遥！他正准备在新年晚会上追求她，而其他女孩也说她会接受的。那个怪人约翰和丰满的玛雅是一对，维克托和卡萝尔是一对儿……“机关枪”超级迷恋新的化学老师，他决定邀请她共舞，这个傻蛋……只有我没有任何希望……或许可能会有？两年来海伦还是第一次没有男朋友……也许这就是合适的时机！

我要打电话给“小富妹”请她借给我她的那个研究手册，这样我能在晚会前稍微学一点了！去吧，“托儿”！别再为你的命运而流泪，做些具体的事吧！

托尼——海伦的新男友

责任编辑 李 凌
封面设计 李梦雪 杨 静

“青少年成长漫画”系列

爱情是什么

——有关恋爱的教科书

[塞尔维亚]艾琳·蒂奥多罗维奇 文

[塞尔维亚]内达·多基奇 图

姜 霞 译

上海世纪出版股份有限公司
上 海 科 技 教 育 出 版 社 出版发行
(上海冠生园路 393 号 邮政编码 200235)
网址:www.sste.com, www.ewen.co
各地新华书店经销
上海景条印刷有限公司印刷
ISBN 978-7-5428-6231-0/G·3515
图字 09-2013-884 号

开本 720×1000 1/16 印张 4
2015 年 8 月第 1 版 2015 年 8 月第 1 次印刷
印数 1-5200 定价:18.00 元